Je t'aime – Open

Isabelle Bernier

Je t'aime - Open

Isabelle Bernier

isabellebernierconnexion@gmail.com

Illustrations : Isabelle Bernier

Dépôt légal – Bibliothèque et archives nationale du Québec, 2018

ISBN : 978-29816809-7-6

Tous droits réservés. Toute reproduction d'un quelconque extrait de ce livre ou de quelque illustration par quelque procédé que ce soit est strictement interdite sans l'autorisation écrite de l'auteure et éditrice.

Magog, Québec

Je t'aime - Open

À Izna et Arielle, deux des plus grands amours dans ma vie.

À Carmen et Alain, Justin et Dominic, Sophie et Josée et à tous ces couples qui inspirent et qui rayonnent de façon toute spéciale.

Je t'aime - Open

Isabelle Bernier

Ce livre, il est pour toi et pour ton **cœur**.

Parce qu'il peut être facile, mais qu'il est aussi parfois difficile de communiquer avec son **cœur**.

Parce que **t'écouter** peut te demander un effort particulier.

Et surtout parce que ton **cœur**, et tout l'amour qu'il contient, sont tes alliés.

Et enfin, parce que l'amour est un incroyable *cadeau*.

On entend souvent, justement, que l'amour, *ça fait souffrir*. *Que c'est beaucoup trop compliqué.* Moi, je pense – mais c'est entre nous – qu'il **doit s'agir de bien d'autres choses** quand c'est le cas.

C'est juste qu'on n'est pas toujours prêt à le voir et à l'accepter.

Mais ça, c'est une autre histoire.

Ce petit livre est donc particulièrement particulier (pour dire que c'est vraiment **spécial**) : il parle d'amour. D'Amour. D'amouuuuuur!

On en parle de toutes sortes de façons. Ça peut être simple. Ça peut être compliqué. Ça peut sembler bizarre, étrange, familier et pour certains, un peu trop...

Et pourtant, on vit tous l'amour. À un moment ou à un autre. D'une façon qui nous est propre, c'est-à-dire, très personnelle à soi.

D'une façon qui nous ressemble.

On vit l'amour d'une façon qui nous ressemble

L'amour c'est large. C'est un sujet aussi grand que le monde. Peut-être même aussi large que la planète. Ça peut prendre **beaucoup de**

place, mais il arrive aussi qu'il semble tout petit, tout *rabougri*.

Pour entendre l'amour

Pour entendre l'amour, il est primordial - **très**, **complètement** et **ABSOLUMENT** important – de lui laisser une place à l'intérieur de toi.

Qu'est-ce que ça veut dire?

Eh bien, c'est d'être attentif à ce que tu perçois avec tes sens.

Les cinq sens

C'est aussi de te féliciter et de reconnaître ce que tu *apprécies* chez **toi** et chez les **autres**.

C'est ensuite cette capacité que tu as d'accueillir les encouragements, les bons mots et la présence que t'offrent ceux qui t'entourent.

C'est enfin de te permettre de t'accepter tel que tu es, avec tes qualités et tes défauts.

En résumé, laisser une place à l'amour à l'intérieur de toi, c'est apprendre à **prendre soin de toi comme si tu étais la** pierre **la plus** précieuse **du monde**. Parce que c'est bien le cas et ce, pour chacun et chacune d'entre nous!

Et c'est ce qui nous rappelle combien la **Terre** est fabuleuse; elle brille de mille feux à cause de tous les précieux êtres qui y habitent!

La Terre qui brille

Pour écouter l'amour

Pour écouter l'amour, je crois qu'il faut être capable d'ouvrir ton cœur aussi bien que tes oreilles. Les oreilles que tu vois avec tes yeux et les oreilles invisibles.

Les oreilles que tu vois sont celles qui font partie de notre corps, qu'on peut **toucher**, **tirer** et avec lesquelles la majorité d'entre nous **entendons** les mots, les sons, les chansons, etc.

Les oreilles invisibles sont celles que possède notre cœur et peut-être aussi ce qu'on appelle l'intuition. Il ne serait donc pas trop incongru d'imaginer que ton cœur puisse lui aussi avoir ses oreilles.

C'est ce qui lui permet, je crois, d'**entendre** ce qui n'est pas toujours exprimé à voix haute. Comme lorsque tu te sens trop timide ou réservé. Dans ces moments-là, tu ne dis pas tout ce qui pourrait être exprimé; tu le gardes en pensée.

C'est peut-être un peu, aussi, ce qui te fait sentir tout drôle et qui te bouleverse parfois et que tu mets du temps à comprendre. Ça peut, par exemple, te faire rougir ou te donner *mal au ventre*.

Il peut être facile de ne pas porter attention à ce que le cœur entend avec ses oreilles invisibles. Il peut être aussi facile de te dire que ce que tu ressens n'est pas vrai, pas juste ou que tu fais erreur.

Il est possible que ça te demande beaucoup d'humilité, de courage aussi, parfois, de t'asseoir pour vraiment écouter avec les oreilles du cœur.

Mais, il faut se le dire, avoir quatre paires d'oreilles - celles de ton corps et celles de ton cœur, c'est un cadeau !

Alors aussi bien t'en servir lorsque tu en as l'opportunité !

Ainsi, nos oreilles nous transmettent bien des messages. Et beaucoup de bruits aussi. Il t'appartient de faire le choix de ceux auxquels tu accordes de l'**importance**.

Tu pourras alors choisir les messages et les bruits auxquels tu répondras.

Et ce que tu en feras.

Le fait de prendre le temps d'**écouter** avec les oreilles du cœur rend plus faciles les communications et les liens que tu peux tisser avec les autres.

Pour agir avec amour

Pour agir avec amour, il est important de ressentir ce qui se passe à l'intérieur de toi. Même si tu ne peux pas toujours y mettre des mots, je crois qu'il est possible de t'y arrêter.

Ainsi, en prêtant attention à ce que tu ressens, il t'est possible de créer **une place**, un espace dans ton corps, dans ton cœur **– en toi –** pour tes émotions. Et quand ces émotions ont **leur place**, qu'elles sentent qu'elles ont le droit d'exister, elles peuvent alors **s'exprimer**.

Il t'arrive peut-être de ne pas toujours **t'exprimer** comme tu le voudrais, mais je crois que plus tu pratiques, plus tu risques d'y parvenir. Et ce risque en vaut la chandelle. Car il te permettra, ensuite, **d'agir en accord avec ce que tu** ressens.

Agir en accord avec ce que tu ressens, eh, bien, c'est poser un geste qui ressemble à ce qui te parle, à l'intérieur de toi. Par exemple, tu dis « oui » parce que c'est ce que tu ressens. Ou tu offres quelque chose parce que tu en as vraiment envie.

Et c'est comme ça qu'il est possible d'agir avec amour. Je crois que cela peut se produire lorsque tu prends d'abord soin d'**entendre,** d'**écouter** et de **donner vie** à ce qui se passe **en toi.** C'est la première étape. En partant de toi, pour aller vers l'autre.

En partant de toi, vers l'autre

Les pétales de l'amour

Et puis ensuite, l'amour, qu'est-ce qu'on en fait? On peut choisir cueillir l'amour, comme une fleur et en répandre les pétales un peu partout, au passage. L'amour est alors partagé.

Ainsi si l'amour était comme une fleur, on pourrait le voir pousser partout (ou presque), sentir son arôme, le cueillir pour soi ou pour l'offrir. Il faudrait aussi y faire bien attention, car une fleur, c'est quand même fragile!

D'où vient l'Amour?

Cette question peut être à la fois très large et complexe, parce que l'amour, on en parle depuis des milliers d'années!

Les gens ont :

- écrit,
- dessiné,
- peint,
- fait des recherches,
- découvert
- et communiqué

à propos de l'amour.

L'amour,

C'est un sujet inépuisable : il y aura toujours quelque chose à ajouter, je crois.

Parce qu'il fait partie de nous.

Parce qu'il existe depuis toujours.

Parce qu'il ne s'agit pas d'un objet, mais bien de quelque chose de *vivant*.

L'amour, c'est vivant

L'**Amour** circule.

    Il se partage.

        Il se transmet.

            Il se cultive.

                Il rayonne.

Et il peut même se cacher parfois!

L'**Amour**, pour l'Humain, pour les animaux et peut-être pour tout ce qui vit aussi, est **fondamental** : il est **hyper**, **ultra** et donc vraiment beaucoup **important**.

Même si on peut l'oublier, il existe toujours. Il peut arriver qu'il semble bien discret ou à peu près impossible à trouver, mais il est toujours là. Je crois que c'est un peu ce qui nous permet d'être encore ici, sur la Terre, aujourd'hui. C'est **inné** : on **naît** avec l'amour à l'intérieur de soi.

Avec les morceaux d'amour qui nous proviennent de nos parents aussi.

Et puis le temps passe et passe encore.

C'est ce qui te donne l'opportunité de faire grandir l'amour. Comme un **jardin** que tu cultives, tu peux cultiver l'amour et en prendre soin.

Alors, comme un **jardinier** ou comme une **jardinière** (celui ou celle qui prend soin d'un **jardin**), tu feras preuve de patience. Tu observeras ce que tu as semé pour le voir pousser. Tu arroseras ton **jardin**.

Il est possible que tu aies aussi quelques mauvaises herbes à enlever.

Puis, éventuellement, tu récolteras ce que tu auras semé.

Il est enfin fort possible que tu ressentes le bonheur d'avoir pris soin de ce que tu as semé. C'est la clé. Parce que cet amour que tu as cultivé, continueras toujours de **grandir**, de **fleurir** et de se **répandre**.

Pour les jardinier, ce sont des vivaces.

Comme les vivaces, donc, l'amour pousse et se reproduit. Il peut prendre de l'ampleur et de l'espace tant qu'on lui en donne et que le terrain est fertile.

L'amour, c'est un peu comme un jardin

L'amour peut, entre autres, **hiberner** et peut-être même se **transformer**, mais il ne meurt pas. C'est plus fort que toi et plus fort que moi aussi.

L'amour est rempli de surprises.

Il offre aussi des DÉFIS, parce qu'il indique, parfois, qu'on a encore bien des trucs à apprendre.

Les limites

Une **limite** peut être l'endroit où l'on s'arrête. Elle peut être la ligne à éviter de franchir. Elle peut aussi s'illustrer par ces moments où l'on dit « non ».

Une **limite** est ce qui t'indiques qu'il est nécessaire de t'arrêter.

Tu peux considérer qu'une **limite**, c'est :

- 🖐 **Sécurisant**
- 🖐 **Frustrant**
- 🖐 **Que ça fait peur**.

Il peut, en effet, y avoir un peu de tout ça.

C'est comme lorsqu'on prépare une **recette**, en cuisine : certaines combinaisons d'ingrédients sont gagnantes (*ça goûte bon et c'est beau*) alors que d'autres nous satisfont moins (le goût et l'aspect ne nous plaisent pas).

Mais, tu sais, une **limite**, c'est aussi un signe important. Ce signe t'indique qu'il est temps de **t'arrêter** et d'**observer**, puis de réfléchir à ce qui se produit.

Il est possible que ça te demande de l'humilité et de l'ouverture pour accueillir ce qui vient alors.

Et cette ouverture, elle est possible grâce à l'amour que tu portes en toi.

Une **limite** te permet donc te de situer et de découvrir, éventuellement, **ce que tu veux et ce que tu ne veux pas**.

Ainsi, on peut penser qu'elle te donne l'opportunité de choisir l'amour.

Et choisir l'amour, c'est la clé.

L'amour, c'est la clé

Pour tout de suite, pour demain, pour plus tard et même **pour toute la vie!**

Alors prends-bien soin de t'aimer et d'aimer aussi.

Parce que, même si ça peut sembler rigolo, l'amour est un cadeau. Et c'est, je crois, le plus gros des gros cadeaux.

On l'ouvre?!

À propos de l'auteure

Isabelle est une artiste, une auteure, une sportive et aussi une maman à l'imagination débordante. Elle aime les défis autant qu'elle adore créer. Son grand plaisir : savourer la vie!

Autres titres parus :

- Pourquoi cours-tu?

    *Collection **Sports**, volume 1*

- Est-ce que tu grimpes?

    *Collection **Sports**, volume 2*

- Une maison pour toujours
- Est-ce que tu m'aimes vraiment?
- Et si je brillais?
- Permanent, indélébile, pour toujours et à jamais, encore et pour de vrai!

Isabelle Bernier

isabellebernierconnexion@gmail.com

Orford-Magog, Québec

www.ingramcontent.com/pod-product-compliance
Lightning Source LLC
Chambersburg PA
CBHW041743040426
42444CB00001B/13